新时代
共产党员
的楷模

《新时代共产党员的楷模》编写组 ◎ 编

新华出版社

图书在版编目（CIP）数据

新时代共产党员的楷模 /《新时代共产党员的楷模》编写组编.
-- 北京：新华出版社，2020.12（2025.2重印）
ISBN 978-7-5166-5561-0

Ⅰ.①新… Ⅱ.①新… Ⅲ.①中国共产党-党员-先进事迹
Ⅳ.①D263

中国版本图书馆CIP数据核字(2020)第249314号

新时代共产党员的楷模

作　　者：	《新时代共产党员的楷模》编写组
责任编辑：赵怀志　沈文娟	封面设计：刘宝龙
出版发行：	新华出版社
地　　址：	北京石景山区京原路8号　邮　　编：100040
网　　址：	http://www.xinhuanet.com/publish
经　　销：	新华书店、新华出版社天猫旗舰店、京东旗舰店及各大网店
购书热线：010-63077122	中国新闻书店购书热线：010-63072012
照　　排：	六合方圆
印　　刷：	大厂回族自治县众邦印务有限公司
成品尺寸：145mm×210mm　1/32	
印　　张：5.5	字　　数：80千字
版　　次：2021年1月第一版	印　　次：2025年2月第四次印刷
书　　号：ISBN 978-7-5166-5561-0	
定　　价：32.00元	

版权专有，侵权必究。如有质量问题，请与出版社联系调换：010-63077124

中共中央关于授予周永开、张桂梅同志和追授于海俊、李夏、卢永根、张小娟、加思来提·麻合苏提同志"全国优秀共产党员"称号的决定

（2020年12月3日）

在"不忘初心、牢记使命"主题教育中，各地涌现出一大批秉持理想信念、保持崇高境界、坚守初心使命、敢于担当作为的党内先进典型。为巩固深化主题教育成果，表彰先进、弘扬正气，充分发挥先进典型示范引领作用，激励和引导广大党员、干部忠实践行习近平新时代中国特色社会主义思想，不忘初心、牢记使命，勇于担当、砥砺奋进，党中

央决定，授予周永开、张桂梅同志和追授于海俊、李夏、卢永根、张小娟、加思来提·麻合苏提同志"全国优秀共产党员"称号。

周永开，男，汉族，四川巴中人，1928年3月出生，1945年8月参加工作，同年同月加入中国共产党，四川省原达县地委副书记，1991年6月离休。周永开同志一辈子听党话、跟党走，始终如一坚守共产党人的初心使命，用实际行动践行"党是一生的追随"的座右铭。他对党的事业无限忠诚，解放前冒着生命危险从事川北地区党的地下工作，新中国成立后，无论是在岗还是离休以后，几十年如一日苦干实干，为推动地方发展、脱贫攻坚、改善民生和生态建设默默奉献，是百姓心中的"周老革命"。他履职尽责、敢于担当，推动当地林业工作成为全国先进；勇于同腐败行为作斗争，顶着压力查办案件。他坚守"人可以离休但共产党员永不会离休"的承诺，带领党员群众护林造林，在当地建成国家级自然保护区。

他把群众当亲人,十余年捐资助学、扶贫济困,帮助和带动革命老区人民脱贫致富。他淡泊名利,弘扬优良家风,始终保持共产党人为民务实清廉的政治本色。

张桂梅,女,满族,黑龙江牡丹江人,1957年6月出生,1975年12月参加工作,1998年4月加入中国共产党,云南省丽江华坪女子高级中学党支部书记、校长,华坪县儿童福利院(华坪儿童之家)院长。张桂梅同志把全部身心投入到边疆民族地区教育事业和儿童福利事业,创办了全国第一所全免费女子高中,是华坪儿童之家130多个孤儿的"妈妈"。她坚持用红色文化引领教育,培养学生不畏艰辛、吃苦耐劳的品格,引导学生铭记党恩、回报社会。她坚持每周开展1次理论学习、重温1次入党誓词的组织生活,发挥党员在学校各项工作中的先锋模范作用。她常年坚持家访,行程11万多公里,覆盖学生1300多名,为学校留住了学生,为学生留住了用知识改变命运的机会。她吃穿用非常简朴，对自己近乎"抠门"，却把工资、奖金捐出来，用在教学和学生身上。她以坚韧执着的拼搏和无私奉献的大爱，诠释了共产党员的初心使命。

于海俊，男，汉族，内蒙古翁牛特旗人，1963年11月出生，1986年4月加入中国共产党，1987年7月参加工作，内蒙古自治区原大兴安岭重点国有林管理局根河林业局副局长、林业工程正高级工程师。2019年6月19日，在扑救上央格气林场山火时不幸壮烈牺牲，年仅55岁。于海俊同志是新时代林业战线职工的优秀代表，在他身上集中体现了大兴安岭林区近70年来党员群众敢于斗争、顽强拼搏、无私奉献的精神。他对党忠诚、信念坚定，为守护祖国北疆生态安全屏障，在大兴安岭林区默默坚守32年。他精通业务、勤勉务实，参与编制多项国家级林业行业标准，参与完成森林资源调查规划设计等项目100余项，创造性地提出"补植补造"

概念及森林经营措施，推动构建"一体两翼"森林资源监管新格局，在平凡的岗位上创造了不平凡的业绩。他廉洁奉公、谦和质朴，深得干部职工信任和爱戴。

李夏，男，汉族，安徽黄山人，1986年7月出生，2007年9月参加工作，2014年12月加入中国共产党，安徽省绩溪县荆州乡原党委委员、纪委书记，县监委派出荆州乡原监察专员。2019年8月10日，在抗击"利奇马"超强台风抢险救援时英勇牺牲，年仅33岁。李夏同志对党忠诚、信念坚定，扎根奉献皖南山区，多次放弃到县直机关工作机会，甘于在最艰苦、最偏远的乡镇基层奋斗青春，勇于在抗洪抢险等急难险重任务中冲锋在前。他心系群众、一心为民，服务群众随叫随到，当地群众都知道"有事情、找李夏"，贫困户称赞他"比自己孩子还要亲"。他恪尽职守、认真负责，干一行、爱一行、精一行，从事纪检监察工作，敢于较真碰硬。他为人朴实、有情有义，爱亲人、爱家庭，总是尽心尽力帮助他人，用高尚品行感染和温暖着身边每一个人。

卢永根，男，汉族，1930年12月出生于香港，祖籍广东省广州市，1947年12月参加工作，1949年8月加入中国共产党，华南农业大学原校长、教授、博士生导师，中国科学院院士。2019年8月12日，因病医治无效逝世，享年89岁。卢永根同志是我国著名农业科学家、作物遗传学家。他对党、对祖国无限热爱，毅然放弃香港的优渥生活，把毕生精力都献给祖国的农业科学和教育事业。他学高德馨、治学严谨，满腔热情投身水稻遗传育种研究，取得一系列重要研究成果。他廉洁奉公、甘为人梯，担任华南农业大学校长12年间，大刀阔斧推动改革，不拘一格选人用人，从不为自己和亲人谋取特殊照顾，深受师生的崇敬爱戴。他一生恭俭、淡泊名利，将一辈子省吃俭用攒下的880余万元全部捐献给学校，并在去世后将遗体无偿捐献给医学科研事业，用模范行动践行了"把一切献给党和祖国"的初心誓言，彰显了共产党人的高尚情操。

张小娟，女，藏族，甘肃舟曲人，1985年4月出生，2008年9月参加工作，2010年8月加入中国共产党，甘肃省舟曲县扶贫开发办公室原副主任。2019年10月7日，在完成舟曲乡村脱贫攻坚抽样调查工作返程途中因交通事故不幸殉职，年仅34岁。张小娟同志是在习近平新时代中国特色社会主义思想指引下成长起来的优秀共产党员，是在脱贫攻坚一线不懈奋斗的优秀青年干部。她忠诚于党、执着奉献，舍弃在大城市生活的机会，积极投身家乡灾后重建和脱贫攻坚事业。她敢于担当、务实勤勉，专业本领强、业务水平高，无论在乡镇工作还是分工负责全县脱贫攻坚有关工作，都是政策数据的"活字典"，推动工作落实的"排头兵"，成为当地扶贫事业"离不开的人"，为舟曲全县脱贫摘帽作出重要贡献。她舍小家顾大家，为山区群众脱贫致富奔走，无暇照顾年迈的父母和年幼的孩子，却成为百姓心中牵挂的"乖女儿"。

加思来提·麻合苏提，男，乌孜别克族，新疆乌鲁木齐人，1962年10月出生，1984年10月参加工作，1995年6月加入中国共产党，新疆维吾尔自治区纪委原副书记、监委原副主任。2020年3月26日，因病医治无效逝世，年仅57岁。加思来提·麻合苏提同志坚决贯彻新时代党的治疆方略，坚定站在反分裂斗争一线，旗帜鲜明跟党走。他政治立场坚定，对党无限忠诚，在查办违反反分裂斗争纪律案件中，毫不畏惧，一查到底，坚决铲除隐藏在党员、干部队伍中的两面人。他对工作恪尽职守、矢志奉献，32年坚守审查调查第一线，带领队伍屡破重大疑难案件，一直战斗到生命最后一刻。他对群众满腔热情，在驻村工作期间走村入户，跟老百姓一起拉家常、干农活，想方设法为群众纾困解忧。他对同事肝胆相照、倾囊相授，自己廉洁自律，对家人严格要求，是一名高尚的、纯粹的、心中有大爱的共产党员。

周永开等7名同志是新时代共产党员的先进楷模，是忠实践行习近平新时代中国特色社会主义思想的光辉榜样。党中央号召，全国各条战线的党员、干部都要向他们学习。要像他们那样对党忠诚、信念坚定，始终把党和人民事业放在心中，挺起崇高的精神脊梁，自觉用习近平新时代中国特色社会主义思想武装头脑，初心如磐、使命在肩，矢志不渝为党和人民事业不懈奋斗；要像他们那样牢记宗旨、心系群众，始终保持鲜明的人民立场，急群众之所急，帮群众之所需，真心实意解民忧、纾民怨、暖民心，与人民群众心心相印、同甘共苦；要像他们那样苦干实干、担当奉献，砥砺千磨万击还坚劲的意志，激扬越是艰险越向前的精神，知重负重、攻坚克难，在急难险重任务面前豁得出、顶得上，在有效应对重大挑战、抵御重大风险、克服重大阻力、解决重大矛盾中冲锋在前、建功立业；要像他们那样严于律己、坦荡无私，自觉践行共产党人价值观，吃苦在前、享受在后，清清白白做人，干干净净做事，永葆共产党人的政治本色。

各级党组织要把学习周永开等7名同志先进事迹与深入学习贯彻习近平新时代中国特色社会主义思想和党的十九届五中全会精神结合起来，与学习抗击新冠肺炎疫情先进典型事迹结合起来，作为巩固深化"不忘初心、牢记使命"主题教育成果的重要内容，采取多种形式广泛开展学习宣传。要引导广大党员、干部以习近平新时代中国特色社会主义思想为指引，以先进模范为镜，向先进典型看齐，将初心融进灵魂，把使命扛在肩上，时刻保持警醒，不断振奋精神，敢字为先、干字当头，只争朝夕、顽强奋斗，汇聚起新征程上重整行装再出发的磅礴力量，共同书写中华民族千秋伟业。

目录 CONTENTS

001 **他把一切献给党**
——记老地下党员、纪检干部周永开

共产党人为了党的事业奋斗,个人不留所有财产,哪怕是价值几百万几千万,都应交给党和人民。

025 **大山女孩的"校长妈妈"**
——记云南丽江华坪女子高级中学校长张桂梅

华坪女高建校 12 年来已累计把 1804 名女孩送入大学,点亮她们的人生梦想。63 岁的张桂梅,被学生亲切地称作"张妈妈"。

053 用生命守护那片绿色
——追记内蒙古大兴安岭林区干部于海俊

学林、务林、忠于林,守林、爱林、殉于林,在深山老林一干就是32年,他用生命诠释了一名共产党员的初心和使命。

077 换得秋实一夏花
——追记基层青年纪检监察干部李夏

"我宁愿不熟悉你的脸庞,只希望我的每一次回乡,你还走在我家乡的路上",以初心为灯,以使命为舵,英雄寂寂,来路即是归途。

103 赤诚抒写"我和我的祖国"
——追记"布衣院士"卢永根

一名真正的科学家,必须是一名忠诚的爱国主义者,要把国家和人民的需要作为自己工作的动力。

125 初心一片为脱贫
——追记殉职在决战脱贫路上的张小娟等几位舟曲县干部职工

　　他们常年以战士的姿态,冲锋在脱贫攻坚和抢险救灾一线;他们爬雪山、钻山沟,把党的温暖送进各族群众的心田。

143 用生命书写忠诚
——追记自治区纪委副书记、监委副主任加思来提·麻合苏提同志

　　反分裂、反腐败斗争是一场没有硝烟的战争。在生命的最后一刻,加思来提·麻合苏提依然坚守在纪检监察工作第一线,用生命书写了对党的事业的无限忠诚。

156 编后记

周永开

人可以离休但共产党员永不会离休。

——周永开

| 新时代共产党员的楷模 |

他把一切献给党
——记老地下党员、纪检干部周永开

夏日的巴山，夜雨绵绵。四川省达州市一处老旧房屋内，两位九旬老人并肩坐在沙发上，翻看着发黄的相册。老阿姨突然说："如果我有一天先'走'了，就只剩你一个人看照片了……"老先生连忙哄她，两个人像孩子一样手牵着手。

小屋不大，只有50余平方米，屋内陈设简单，一张沙发坐垫已深陷，旧电视机、旧茶几，见证着岁月的流逝。

这就是两位老共产党员的家。今年2月13日，周永开、吴应明将10万元积蓄捐给武汉抗疫一线。党徽，他们每天都佩戴在胸口，用自己毕生的行为，将党徽擦亮。

无论是迎向刀口的地下斗争,或是艰苦的建设岁月,还是离休后上山植树造林,入党75年来,他们早已把一切都献给了党。

"暗夜"入党 生死之间铸信仰

1943年,四川巴中蟒蟥坝,一户人家办喜事。

新娘子吴应明迟迟没等到人掀盖头,找来找去,却见15岁的小新郎周永开混在孩子堆中捡鞭炮玩,又好气又好笑,"就像姐姐带了个小弟弟。"

婚后,两家人筹了1500斤柴,充当周永开的学费,希望他谋个前程。周永开来到了化成小学,读孔孟之书却越读越困惑:"国民党乡长下乡讲排场,前面10个人开路,后面10个人背枪,结果到处是土匪,白天都要抢人;到处卖鸦片,盘剥农民。穷人之苦,恶霸之坏,社会黑暗,哪有圣贤之道?"

老师王朴庵经常教授进步思想,面对周永开的困惑，王朴庵轻轻地说："此路走不通，就找毛泽东！"

此话像一道光，照亮了周永开眼前的世界。他想起幼年时家乡的红军："红军不怕死，不摆架子，打土匪，办事公道，帮我父亲戒掉了鸦片，完全不一样的队伍。"他如饥似渴地跟着老师学习进步知识，观察世界。

在他17岁的一个黑夜里，王朴庵摸黑约他到学校后山，告诉他："找到共产党了，但是你怕不怕死，会不会背叛出卖？"

怕死？1935年红四方面军长征，留下巴山游击队在当地坚持战斗，直至1940年弹尽粮绝，负责人赵明恩被割下头颅悬首7天。英雄壮烈就义的情景被周永开铭刻在心里。即使学校里游走着军阀的密探，随时可能举起屠刀，他仍斩钉截铁地回答：

"我绝不怕死！永不背叛出卖，老师告诉我党在哪里？"

王朴庵压低声音："我就是，跟我宣誓！"

他们冒死举手宣誓:"我志愿加入中国共产党!"

入党后,周永开从事组织工作。党的地方组织快速壮大,引起了敌人的注意,1948年,周永开撤退到家乡,担任此时的中共地下党巴中县委书记,坚持斗争。

起初他还向妻子保密,后来为斗争需要,他发展妻子也入了党。

"我不怕死,要和你一起干革命!"吴应明咬着嘴唇说,"我哥哥被国民党抓壮丁成了炮灰。这个世道要不得,我们一起跟着共产党干!"

从武装起义到建设家园

入党后的吴应明担起了地下党交通员的重任。化名"松君"的她常常将通信情报藏在身上,装着打猪草,送往四面八方。

有一次,敌人堵住了她,要搜身,她情急之下涨红了脸,拿着镰刀乱砍:"我是嫁了人的,哪个敢碰我清白的身子？"周围人指指点点，敌人靠不近身，脸上挂不住，悻悻离开。她心里吓得乱跳。

有了孩子后，她有一次穿过敌人岗哨，孩子受惊哭出声，她立刻死死捂住孩子的嘴，孩子难受地挣扎，她就像百指挠心……任务归来，周永开后怕地说："就给孩子取名周平吧，希望她能平平安安。"

临近全国解放，上级指示武装起义。"搞武装，需要枪，只能去成都搞。那时快解放了，成都查得特别严，每5家百姓就由1个特务盯着，沿途都是关卡。"周永开回忆，"我们把枪藏在白蜡里，装作贩卖白蜡的商人，有惊无险把枪运回巴中，搞起了武装起义。"

此时，国民党正规军一个师开到附近。周永开和其他地下党领导研判，解放军如秋风扫落叶，这个师如惊弓之鸟，可以智取。他们指挥农民武装，环绕国民党军放鞭炮，趁敌人吓得魂不附体之际，派人化装成我正规军代表前去接收。敌人乖乖走到指定地点——一处仅容单人通过的山坳，先交枪后投降。走过山坳,敌师长张咸三傻眼了:一个师的正规军竟然被一群共产党地方武装缴械了!

解放后,周永开历任巴中县委组织部长、县委书记。当时中央号召大搞水利建设,他规划了化成水库,上午在县委上班,然后步行 20 公里到水库工地吃工地餐,下午和老百姓一起挖水库挑土方。很多人不知道这个穿草鞋的农民其实是县委书记。

化成水库建成,刻碑时他却拦住不让刻自己的名字,说这是人民建设的,功劳是人民的。这座美丽的水库为纯土坝,2003 年被选定为巴中市区饮用水水源地。

"周纪检"怒"扳"李作乾

1984 年,四川达州办成了轰动全国的反腐大案:"扳倒李作乾"。查办这一大蛀虫的,正是时任原达县地委副书记、纪委书记的周永开。

李作乾是原达县地区罐头厂厂长,头顶光环无数，从中央到省、地、县拿的奖状有50多张。他在群众面前却嚣张跋扈，欺男霸女，尽管罐头厂内对他的匿名举报如雪片一样，但有关领导却更看重李作乾在经济方面的作用，对这位"能人"睁一只眼闭一只眼，有的知情人怕打击报复，也不敢实名声张。

面对李作乾的诸多头衔，在案件的办理过程中，周永开受到了来自外界各种各样的压力。有的劝他"不要生事"，有的提醒"注意团结"，有的还威胁他当心报复。

"这么严重的问题我都处理不了，我还当这个纪委书记干什么？"周永开一身正气，拍案而起："怕死我当年就不会入党，处理不了，我宁可不当这个纪委书记！"

在周永开挺直脊梁的坚持下，许多知情人纷纷抛开顾虑，一五一十地把知道的事实告诉党组织。达县纪委终于查清了李作乾违纪违法的相关事实，将其一举扳倒。当李作乾被移交司法执行逮捕时，达县地区罐头厂内的鞭炮声响彻云天。

"你听听这些鞭炮,再想想我们缴械敌人放的鞭炮,惊心啊。"周永开不无伤感地对妻子吴应明说,"李作乾也是老革命了,他就是忘了本,忘了要忠诚于人民。"

在周永开等一批纪检干部的监督执纪下,一批大小蛀虫被揪出来,依照党纪国法公正处理。离休后,他仍时刻牵挂达州市纪委的一举一动,准时参加市纪委的党组织活动,积极推动市纪委的廉政文化建设。

七旬上山造林 要把"清风"留人间

川陕革命老区"万源保卫战"主战场花萼山,一度生态破坏严重。1994年,离休后的周永开带着两名老干部,上花萼山租下民房,每天护林防火,劝阻村民伐林捕猎,宣传保护自然资源的意义和党的政策。

"大炼钢铁我们欠了大自然的,应该要补回去。"

周永开喜欢树，他老家院子曾有一棵几百年的香樟树，可惜在大炼钢铁中被砍伐，这让他叹息不已。"绿化祖国，那就从我做起吧。"

花萼山有处悬崖绝壁，垂直上下数百米，名为"玄天观"。他志气不减当年："把话放在这，造林护林不成功，我从玄天观上跳下去！"

三位老人白天挂着拐杖护林植树，晚上就在地上铺着木板睡觉，吃饭就自己简单煮点伙食，过着极其清苦的日子。山高气寒，他们时常咳嗽，腰酸背痛。

此时周永开已近七旬高龄，还做过胆切除手术。一天下午三点多他还没吃午饭，独自带病巡山，途中坐在石头上歇息，结果一下昏迷摔伤。幸好被不远处山民喂养的狗发现了，狗奔回家冲着主人狂叫，主人跟着狗出来才发现周老，赶紧叫邻居救人，抬着周老走了几个小时下山，又坐了半天的车才送到万源市医院。

"我的命是老乡救的，我更应该对得起他们，

| 他把一切献给党 |

养育山林。"住院一个多月缓过劲来,不顾组织上反复劝说,周永开不但没下山,还把体弱多病的老伴也带上了山。以前每到冬天,山里人要砍大量的柴存放。在周永开的带动下,砍柴变为了捡柴。村民项能奎说:"周老汉把树当作他的命,我们不好意思再砍了!"多位村民加入护林行列。

护林养林一干就是20来年,护林上万亩,亲手种植上千亩的"清风林",推动建成了花萼山国家级自然保护区。

"我在花萼山十年春,十年悟,十年无。怎么理解?我创造了一个宣传词:花萼天下无。很多人说你口气好大,天下就找不到吗?"周永开说,这个无,是无产阶级的无!是让人们不要忘了,血战万源的无产者!

半生心血传承红色基因

苏联解体东欧剧变,国内也有段时间信仰缺失,

"一切向钱看"。一些党史文物遭到破坏。在四川党组织早期的活动中心巴中市奇章中学、化成小学等地,地下党活动的旧楼被人鲸吞蚕食,就连曾经地下党的县机关办公楼都莫名失火,原址后来进行了房地产开发。

周永开得知后,赶到奇章中学,住进了地下党活动的旧楼里,"如果失火就连我一起烧死。"在他的威望影响下,侵蚀党史文物的行为被叫停。

他忧心忡忡:"我们共产党最能教育人,当年国民党用刀口对着,我们都能教育老百姓跟共产党走,怎么现在反而不会教育了呢?"

他断定是教育上掉了链子。

1998年他在川东北多个有红色印迹的学校设立"共产主义奖学金",已颁发17届,奖励师生近400人、8.9万余元。2018年他再次捐赠奖学金10万元。

2003年,他在四川最早挂出马克思、恩格斯、列宁肖像、走出王维舟、张爱萍等革命者的蒲家"五高小"——如今的蒲家镇中心校,推动出版革命回顾书籍《热血》,请张爱萍同志题写书名,建立"热血基金"奖励师生,塑成"热血碑",雕塑烈士塑像。

一代代人在那些浸染着红色基因的校园里成长,汲取着共产主义理想的力量。就在记者采访时,83岁老党员李成富、81岁老党员唐治必夫妇,找到蒲家镇中心校校长王东,将孙女手写的入党申请书交到组织手里。

"孙女大学毕业了,她对党组织充满向往,有事暂时回不来,一定让我们把入党申请书交到母校来!"

"他将一切献给党"

周永开对党对人民感情深厚,自己的生活却很简单,对亲人更是严格要求。

作为为革命出生入死的地下党交通员,吴应明理应享受待遇,但她默默地站到周永开身边,做好

一位妻子，没有向组织伸手。

曾经有过几次集资建房的机会，周永开都让出去了，他认为自己当领导时没给职工谋福利，应该让职工有机会住好房子。自己只要能住就行了。

他说："我们国家还很穷，那么多穷人没住上好房子，我就绝不能住好房子。"他和妻子至今没有像样的家具衣服，住着50平方米的旧房子，请了一位60多岁的保姆照顾自己。

他在党的事业上又特别大方。2011年中国共产党成立90周年，他个人出资在化成山崖上刻下"中国共产党万岁"，先后雇请36名石匠。刻石辛苦，很多人不愿干，几次停工。最后化成百姓被周永开感动了，纷纷义务刻石，一位老石匠临去世前还坚持上山刻石："一定要帮周老汉完成、我们这个时代的'共产党万岁'！"

2019年清明节，周永开、吴应明夫妇带着儿孙四代返回巴中老家蟒螳坝，在这低矮的川东民居里，他们指给孩子们看,哪里曾做出了多少重大决策、哪里曾让国民党军师长张咸三签字投降,哪里是原地下党巴中县委秘密办公直至解放的地方,哪里又是"松君"为开会放哨的地方……

在地下党员周一修的长孙周步强家,周永开、吴应明夫妇召集孩子们开了一次座谈会。请长孙女周婧宣读捐献承诺书,整个家庭成员全员通过,将此祖业,作为川北地下党组织活动旧址交给党组织,今后任何人不能反悔。

"共产党人为了党的事业奋斗,个人不留所有财产,哪怕是价值几百万几千万,都应交给党和人民。"周永开说。

赤子之心,无过如此!

"他把能捐的都捐了,积蓄多次捐赠,房子待百年之后不留给儿孙,捐给政府,就连自己百年后的遗体,也要捐给医学院供解剖,他把一切都献给了党……"达州市委常委、市纪委书记、市监委主任熊隆东说起老书记周永开,十分动容:"老书记就是新时代健在的杨善洲式的光辉典范！"

滚滚渠江东逝水，浪花淘尽英雄。

把人民装在心中的人，把一切献给党的人，如滔滔江水，在人民心中奔流千古。

（原载《新华每日电讯》2020年7月1日第6版　记者谢佼、卢宥伊）

学习体会

学习体会

学习体会

张桂梅

> 我不希望她们老是惦念着女高为你做了什么，张老师为你做了什么，我不想让她们背上这样一个包袱！我只想要她们安安心心地去读书，走得远远的，飞得高高的！
>
> ——张桂梅

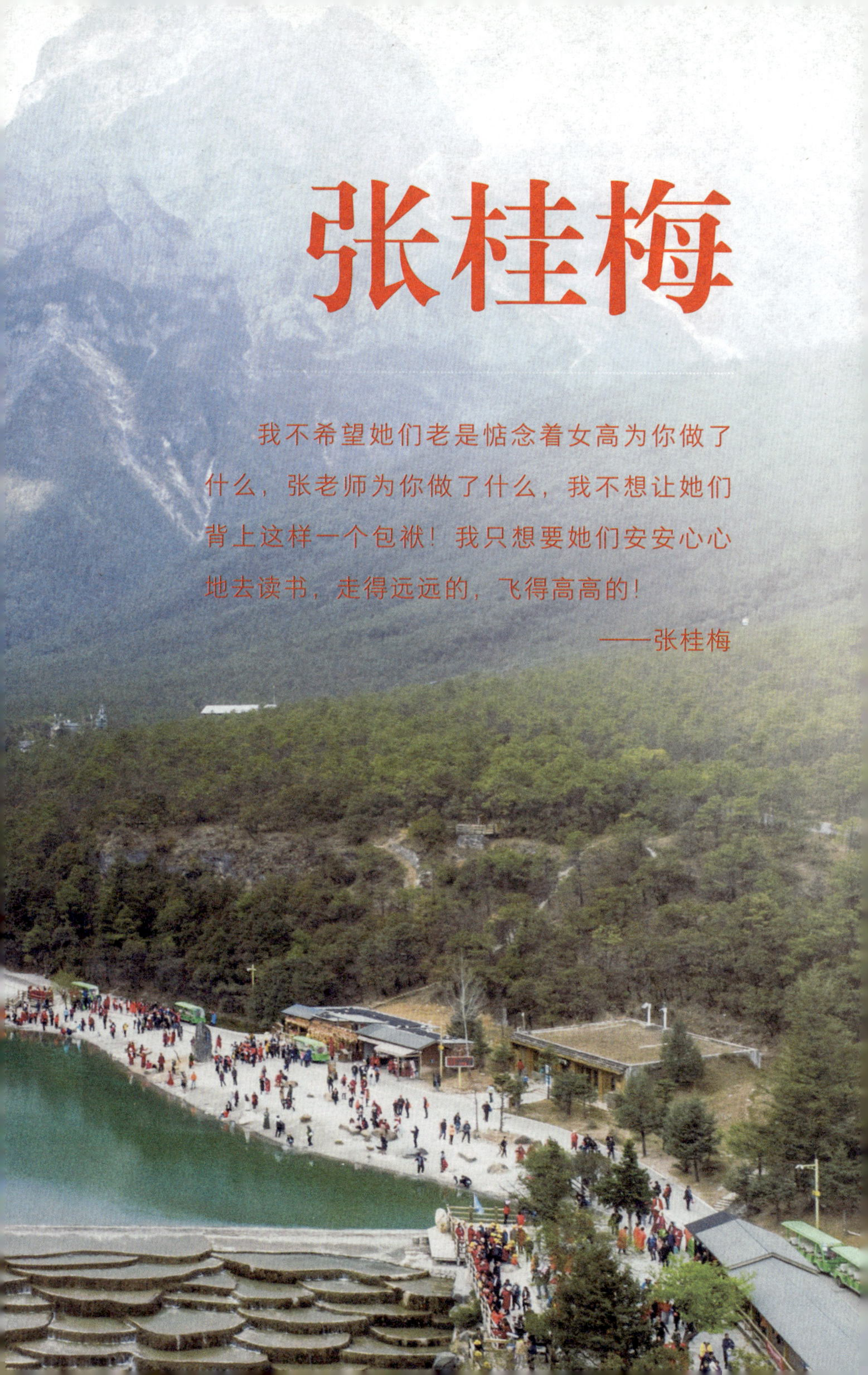

张桂梅在华坪女高校园里（2020年11月30日摄）。（新华社发 陈欣波 摄）

| 新时代共产党员的楷模 |

大山女孩的"校长妈妈"
——记云南丽江华坪女子高级中学校长张桂梅

"孩子,别哭,有什么困难跟我说。"

11月30日中午,记者刚刚踏进云南丽江华坪女子高中的校门,便看到一名女学生依偎在校长张桂梅怀里哭泣。

这位女孩是华坪女高毕业生吕娜的妹妹,目前在当地一所初中读书。张桂梅在家访时认识了她,并一直支持帮助她上学读书。但女孩因为思念去世的父亲,好几天没有上学。

"想爸爸了就到坟上跟他说说话,要好好读书,不能让爸爸失望。"

| 大山女孩的"校长妈妈" |

张桂梅(中)在教室里检查学生上课情况(2020年12月1日摄)。(新华社发 陈欣波 摄)

张桂梅话音还未落,便从兜里掏出一个信封,塞到女孩母亲手里。信封里装着的,是教育部给她看病的1万元慰问金。

原来,张桂梅知道女孩母亲一个人供两个孩子读书,经济十分困难,家里的杧果林因为缺水收成也不好,便拿钱给她去修个水窖。通过张桂梅做思想工作,这名学生当天就回到了课堂。

像关心呵护这位女孩一样,张桂梅带领华坪女高守护着每一位学生的未来,建校12年来已累计把1804名女孩送入大学,点亮她们的人生梦想。63岁的张桂梅,被学生亲切地称作"张妈妈"。

"太天真"的梦想

华坪女高在华坪县城边的一个小山包上,学校的大门并不阔气,教学楼的墙面也已有些斑驳。

这所其貌不扬的学校,曾是张桂梅遥不可及的梦想。

| 大山女孩的"校长妈妈" |

云南丽江华坪女子高级中学的校长张桂梅(左一)在进行家访(2011年9月25日摄)。(新华社发 华坪县委宣传部供图)

张桂梅原本和丈夫一起在大理一所中学教书。1996年，丈夫因胃癌去世不久，39岁的张桂梅便主动申请从热闹的大理调到偏远的丽江市华坪县工作。

到华坪县教书后，张桂梅发现一个现象。"很多女孩读着读着就不见了。"她说，一打听才知道，有的学生去打工了，有的小小年纪就嫁人了。

2001年，华坪县儿童福利院（华坪儿童之家）成立，捐款的慈善机构指定要张桂梅当院长。她担任院长后逐一了解福利院孩子们的身世发现，不少女孩并非孤儿，而是被父母遗弃的。

一次家访途中的偶遇，更是让她痛心不已。

一个十三四岁的女孩，呆坐在路边，满眼惆怅地望着远方。张桂梅上前询问，女孩哇的一声就哭了。"我要读书，我不想嫁人。"女孩一直哭喊着。原来，女孩父母为了3万元彩礼，要她辍学嫁人。

张桂梅气冲冲地来到女孩家，对她的母亲说："孩子我带走，上学的费用我来出。"可女孩的母亲以死相逼，张桂梅实在拗不过，只能放弃。

"后来我再也没找到她，这是我一辈子的遗憾。"张桂梅说。自此之后，一个梦想渐渐在她心中萌生：办一所免费高中，让大山里的女孩们都能读书。

但这个梦想很快遭到身边人的反对。"我是给她泼冷水最多的人。"华坪县教育局原局长杨文华回忆说，"虽然她让我很感动，但我知道办一所学校有多难。"

2004年，张桂梅和杨文华一起出差。一路上，她反复讲述自己的梦想，想说服这位局长帮忙。

"你知道建一间实验室要多少钱吗？"杨文华问。

"要两三万元吧。"张桂梅回答得有些露怯。

"她太天真了。"杨文华说，张桂梅当时因为带病坚持教书、教学成绩突出，还在华坪县儿童福利院收养了多名孤儿，先后获得了全国先进工作者、全国十佳师德标兵等诸多荣誉，但她只是一名一线老师，没有管理经验，对建一所学校毫无概念。

2020年9月2日晚,华坪女高学生临睡前在宿舍楼道里复习。(新华社发 陈欣波 摄)

杨文华不知道，张桂梅当时已连续几年假期到昆明街头募捐。她把自己获得的荣誉证书复印了一大兜，在街头逢人便拿出来请求捐款。

可让她没想到的是，自己放下尊严募捐，换回的却是不理解和白眼，还有人说她是骗子。

几年下来，张桂梅几乎要放弃了。直到2007年，她当选党的十七大代表，她的梦想才出现转机。

张桂梅平时很少买衣服，每件衣服都穿了好多年，直到磨得发白破洞才舍得丢。临去北京前，县里特意资助她7000元，让她买一身像样的正装，可她转手就用这笔钱给学生买了台电脑，自己穿着一身旧衣服参会。

一天早晨，她正急匆匆往会场走。忽然，一位女记者把她拉住，悄悄对她说："摸摸你的裤子。"张桂梅一摸，穿了多年的牛仔裤上有两个破洞。

"当时我恨不得找个地缝钻进去。"张桂梅说。那天会后，她和这位记者相约聊了一整晚，把所有办校的苦楚都倒给了她。

| 大山女孩的"校长妈妈" |

2020年9月3日清晨,张桂梅在教学楼开灯。(新华社发 陈欣波 摄)

不久后,一篇名为《"我有一个梦想"——访云南省丽江市华坪县民族中学教师张桂梅代表》的报道发表出来,张桂梅办学校的梦想马上受到关注。

2008年9月,在各级党委政府关心支持下,全国第一所公办免费女子高中——丽江华坪女子高级中学正式开学,首届共招收100名女生。

开学那天,张桂梅站在唯一的教学楼前,泪流满面。

一所没有"门槛"的学校

对于大山里的女孩们来说,华坪女高没有"门槛"。

从建校第一天起,张桂梅便定下规矩:学费、住宿费等全免,只收少量伙食费。特别是对贫困家庭的学生,即便基础很差,中考分数没过线,也全部招进来。首届学生几乎全都是"线下"生。

学校生源差,教学条件更是十分简陋。校园没有围墙，没有食堂，甚至没有厕所，只有一栋教学楼和一根旗杆，院子里满是杂草。学生在一间教室上课，在另一间教室睡觉，吃饭、上厕所都只能去隔壁学校。

"她心里着急，如果等学校全部建好，晚一年招生，就又有一批女孩被耽误了。"杨文华说。

学生入学了，张桂梅却犯了愁。"有的学生考试只能考几分，这样下去可怎么办？"张桂梅心想，就是把命搭上，也要把学校办出名堂。

在华坪女高，学生雷打不动每天5点30分起床晨读，晚上12点20分自习结束才上床睡觉，连吃饭时间都被限定在15分钟。

张桂梅有一个小喇叭几乎从不离手。"傻丫头，快点！"在校园里，有学生稍一磨蹭，就会听到她的吼声从小喇叭里传出来。

十几年来，她不仅每天陪学生自习到深夜，还一直住在学生宿舍。"我一刻也不能离开学校，老师、学生我都得盯着。"她说。

| 新时代共产党员的楷模 |

张桂梅在检查学生上课情况（2020年7月4日摄）。（新华社发 陈欣波 摄）

2011年夏天,华坪女高首届毕业生一炮打响,高考百分之百上线,还有几名学生考上了一本。"和学生入学成绩相比,华坪女高创造了一个奇迹。"杨文华说。

2016年,华坪女高完成建设工作,各项设施逐步完善,学校有了食堂、宿舍,还有了标准的塑胶运动场。截至目前,学校3个年级共有9个班,在校生达464人。张桂梅常年坚持家访,累计行程11万多公里,覆盖华坪和周边县的1500多名学生。至今,华坪女高已送走10届毕业生,1804名学生从这里考入大学,学校不仅一本上线率高达40%多,高考成绩综合排名还连续多年位居丽江全市第一。

学校语文老师韦堂云说,学生成绩突飞猛进,但张桂梅的身体状况却一落千丈。她的身上贴满了止痛的膏药,平时连爬楼梯都十分艰难。

今年2月,受疫情影响,学生只能在家上网课。心急火燎的张桂梅直接在教室外搭了一张行军床,每天躺在床上,盯着老师学生上网课。

| 新时代共产党员的楷模 |

张桂梅在办公室里填写教学楼巡查记录（2020年7月4日摄）。（新华社发 陈欣波 摄）

"我上网课的时候,经常听到她在床上疼得忍不住发出声音,但她从来不说。"韦堂云说。

华坪县融媒体中心记者王秀丽是张桂梅相识多年的闺蜜,也是她为数不多的倾诉对象。

"她全身都是病,骨瘤、血管瘤、肺气肿……以前她经常让别人猜我俩谁更重,可现在她已经从130多斤掉到了只有七八十斤。"王秀丽说。

长大后我就成了你

"张老师,我们要去西藏当兵了。"

今年9月,张桂梅接到两名学生的电话。原来,在大连读书的冉梦茹和在桂林读书的刘敏相约好了,要去西藏当兵。

"海拔那么高,你们怎么受得了?"张桂梅问。

"不是您鼓励我们去艰苦的地方吗?"学生笑嘻嘻地回答,"放心吧,我们不会当逃兵,不给您丢脸。"

2020年9月2日晚,云南丽江华坪女子高级中学的教师周云丽(右三)在宿舍楼走廊辅导学生。(新华社发 陈欣波 摄)

几个月过去了,两名学生已经正式入伍参加集训,张桂梅还时常念叨着她们。"我一直教育姑娘们要报效祖国,可真去这么艰苦的地方,我又心疼得不得了。"她说。

"张老师真正做到了教书育人,她用自己的一言一行教会了学生坚韧、感恩、奉献。"杨文华说,华坪女高的学生出去后都像张桂梅一样,能吃苦、肯奉献,很多学生毕业后都去了艰苦地区。

周云丽是华坪女高的第一届学生,大学毕业后,她又回到了母校,成为一名数学老师。

"没有女高,就没有现在的我。"周云丽说,母亲在她很小的时候就去世了,家里靠残疾的父亲和年迈的奶奶种地卖粮,供她和姐姐读书。"当我听说有位好心的老师建了一所免费高中时,我就像抓住了救命稻草。"

华坪女高每周有一堂全校的思政课,学生们坐在院子里,由张桂梅统一组织理论学习。"张老师会给我们讲革命先烈的事迹,带着我们读党章,还

| 大山女孩的"校长妈妈" |

2020年9月5日,张桂梅在给学生们上"校课"时落泪。(新华社发 陈欣波 摄)

会讲她创办女高的艰辛经历。"周云丽说。

2015年7月,周云丽大学毕业。当时,她已经考上了相邻县一所中学的教师岗位。但听说华坪女高缺老师,她毫不犹豫就放弃了正式编制,回到母校担任代课老师,直到一年后才考试转正。

"这都是张老师教育我们的,自己强大了,也要记得去帮助别人。"周云丽笑着说。

每年的毕业季,是张桂梅最高兴的时候,经常有学生打电话、发短信给她报喜。"她经常向我炫耀,哪个学生去搞研究了,哪个学生去新疆支教了,然后露出老母亲般的欣慰笑容。"王秀丽说。

平日里,张桂梅喜欢看学生在课间操时排成方阵唱红歌、跳红舞。嘴里还经常念叨:"姑娘们长得多好啊,一个个吃得白白胖胖的。哼,等她们考上大学就得减肥了。"

每天上午课间,歌剧《江姐》的经典选段《红梅赞》都会在校园里准时响起,这是她最爱的歌曲。学生们齐声高唱,她偶尔也会哼上几句。

红岩上红梅开

千里冰霜脚下踩

三九严寒何所惧

一片丹心向阳开

向阳开……

这是她的信仰,也是她的一生。

(新华社昆明 2020 年 12 月 10 日电 新华社记者李银、庞明广)

学习体会

学习体会

于海俊

一个人活在世上应该有所追求,我的追求是让青山常绿。

——于海俊

| 新时代共产党员的楷模

用生命守护那片绿色
——追记内蒙古大兴安岭林区干部于海俊

他扎根边疆、恪尽职守，1987年从内蒙古林学院毕业，在深山老林一干就是32年，参与完成上百项生态科研项目。殉职的前一天，他还递交了一份学习报告：以"坐不住、睡不着、等不得"的紧迫意识，大力加强林业生态文明建设，践行习近平总书记"筑牢祖国北方重要的生态安全屏障"的指示精神；

他身先士卒、勇挑重担，带队扑救林火12次，最后一次倒在了挚爱的林海，生命定格在56岁。400多名干部群众自发地为他送行，百万网友在线惜别这名素不相识的林区干部；

| 用生命守护那片绿色 |

内蒙古自治区根河市林业局副局长于海俊年轻时的照片。
（新华社发）

他为人正直、清廉为官,办公室堆满了书籍、文件和奖状,座椅的扶手磨出了窟窿、洗脸盆用得掉了瓷。60多平方米的家中,装修摆设还是上世纪80年代的风格,没有一件像样的家具……

他就是内蒙古自治区根河市林业局副局长——于海俊,学林、务林、忠于林,守林、爱林、殉于林,他用生命诠释了一名共产党员的初心和使命。

"让我带队上吧!"

2019年6月19日下午3时07分。

大兴安岭林区根河林业局上央格气林场突然发现雷电火烟点。片区分管干部恰好不在。十万火急之时,于海俊换上工作服到防火办请命,"让我带队上吧!"

随即,他带着60多名队员奔赴火线。

偃松、站杆、倒木多,林火已发展成树冠火,加速蔓延。这场面,于海俊并不陌生。因为经常上火场,积累了丰富的扑火经验,他和战友们曾共同挺过了很多次险情。

经过几小时的奋力扑救,20时40分左右,火场全线合围。

外围明火虽已扑灭,但一些倒木站杆上残留的星火还在闪烁,随时可能复燃。于海俊没有休息,继续带队员清理火场,亲自拿着GPS测量火场面积。

"快来人!砸到人了!"21时左右,正在清理余火的根河林业局护林防火管理办副主任郑晓强突然听到对讲机内传出呼喊,跑近一看,一根10余米长、30多厘米粗的过火站杆,重重地将于海俊砸倒在地。已处于休克状态的他手中还紧紧地攥着GPS定位仪。

挪开压在身上的站杆后,郑晓强发现于海俊的左腿已经被砸碎,根本"拿不成个"。大伙儿赶紧用木头做了个担架抬他下山。遍地是一人多高的偃松和灌丛,加上天黑和浓烟,走起来特别艰难。二十几个人戴着头灯在前面用油锯、砍刀开路,15

个人轮番替换抬运担架。

下山后因救护车开不进来,还要再步行走一段简易公路。

就在这最后一段路上,于海俊永远地"睡着了"。

汗水,浇湿了来路;鲜血,染红了归途。

内蒙古大兴安岭林区是我国最大的国有林区,在10.67万平方公里的兴安大地上,有近5万名干部职工共同守护着这片绿色。

2017年5月2日毕拉河那场大火,也是于海俊率队支援。队伍休整时,队员们想在火场外围就近宿营,性格温和的于海俊一反常态,坚决不许,要求全员撤到河边宿营。河边宿营地冷风习习,往返火场距离又远,又累又困的队员都不理解。但到后半夜,风向突变,火过林木,原宿营地瞬间便被大火"吞噬",队员们惊出一身冷汗。

在2018年的一次扑火任务中,于海俊为不影响队伍士气,拖着因被水桶砸伤肿得无法脱鞋的脚,硬生生连续在山上奋战了6天6夜。

"作为指挥员,他不一定要在一线冲锋陷阵,但多年来他已习惯这种工作方式,必须沿火场亲自检查一遍才放心。"郑晓强至今无法相信,那个和自己并肩作战的队友怎么就没了呢?

与于海俊生命一同定格的,还有一本厚厚的《林火扑救记事》,他在扉页上写着"本记录本,经过烟熏、火燎、油渍、尘埋、汗浸、水淹、雨浇等多道工序,得以保存,实属幸事……"。最终,在经历了十数次火海考验后,人和本不幸永别了。

"我的追求是青山常绿"

于海俊是内蒙古赤峰市翁牛特旗人,1987年7月在内蒙古林学院毕业后来到牙克石林业规划院工作。

他在林海深处埋头一干就是32年,为了青山常绿的梦想,他不怕吃苦、甘于寂寞,争当林业重大工程建设项目的铺路人。他负责并参与完成林业工程规划设计、森林资源调查规划设计、生态环境工程设计和测绘项目100余项，8个项目获评全国和省部级优秀科技成果奖。他还被聘为全国森林工程标准化技术委员会委员，先后参与编制了4项国家林业行业标准。

在规划院工作期间，每到春夏两季，于海俊和同事们深入各个林业局生态功能区内，背着帐篷、给养和工具，爬高山、穿密林、趟河道、走沼泽，不辞辛苦地测绘、设计。在滴水成冰的寒冬季节里，他还带领森林外业调查大队深入北部原始林区进行林区防火工程基础设施的勘察、设计。老同事、牙克石林业规划院副院长策日格回忆说，2003年和2004年的10月份，于海俊带领队伍在原始林区喝刨冰水，吃冻白菜和土豆，坚持工作了40天，交出了一份高质量调研报告。

为心爱的事业玩命干，妻子刘文庆最清楚。"我家与规划院就二三百米的距离，他总是为了工作废寝忘食。在承担编制国家一期'天保'工程实施方

| 用生命守护那片绿色 |

于海俊（中）在教同事使用 GPS 设备（2009 年 5 月 16 日摄）。（新华社发）

于海俊（前中）与苗木专家现场实地调研（2016年6月23日）。（新华社发）

案时,他连续加班一周没回家,我只能把换洗衣物和洗漱用品给他送到办公室。"

2011年,组织提出让他调到林区一线工作。彼时,他已是牙克石规划设计院任职4年的副处级干部。对于组织提出的平调,他欣然接受了安排。根河林业局组织部部长刘顺起还提醒他:"你不是党委常委,但考虑你的专业,你可能会是责任最重的一名副局长。"

"担子重不要紧,我更看重自己到底能做点什么,眼下天然林保护工程等重大安排都得在林区落地,那才是我的用武之地啊!"于海俊诚恳地望着刘顺起。来到根河,他们成了邻居,于海俊的钥匙经常放在刘顺起家里。回想起一起走过的岁月,刘顺起为失去亲密战友几度哽咽流泪。

在根河林业局森林经营处主任陈学东眼里,于海俊是钻研业务、实事求是的"业务尖子"。有一次,他们一起上山补植补造时,于海俊发现不少岩裸地带不适合种树,即使按照调查设计规划的面积种上也成活不了，便决定把种苗换到容易成活的地带栽种，这样既保证了种植数量，也确保了成活率。

于海俊的办公桌上摆着厚厚的各类文件材料，《全国湿地资源调查与监测技术规程》《中华人民共和国种子法》等法律法规，他都像宝贝一样收藏着。而新的森林法、生态管理办法等内容，他不仅在笔记上做记录，还认真做剪报。

重点国有林区全面停伐后，于海俊推动根河市建立了以林业局、林场森林资源管理部门为责任主体，生态保护建设监测中心和森林资源监督机构为两翼的森林资源监管新格局，湿地保护率、森林抚育面积都显著提高和增加。

"一个人活在世上应该有所追求，我的追求是让青山常绿。"这段记录在笔记本上的话，诠释了于海俊的初心。根河市年平均气温-5.3℃，历史最低温度达-58℃，被誉为"中国冷极"，生活条件十分艰苦。于海俊硬是胸怀着滚烫的赤诚，用心、用情、用执着坚守和不懈努力换来了一个个具体举

| 新时代共产党员的楷模 |

于海俊在管护站为职工下厨做菜（2009年5月27日摄）。（新华社发）

措落实，一项项突出成果问世。

"没个官样的副局长"

很多干部说，看过于海俊着急，却没见过他急眼。他从来不吆五喝六、为难大家。令资源林政管理科科长吴建国敬佩的是，这个副局长原则性很强。林业局的辅助生产设施管护站以及防火瞭望台，建设手续没批下来，他顶住压力不搞未批先建，尽管因为开工进度慢被点名批评，但他还是一面想办法推进审批速度，一面做科长们的工作，让大家遵纪守法。

没有"官架子"但有奋斗情怀，是很多干部职工对于海俊的一致评价。

在他牺牲后，各级组织在调查中发现，他虽多次承担国家林业局和大兴安岭重点国有林管理局重大项目，但没有一例违反党风廉政规定的举报和负面反映，从没有在项目建设中为亲朋好友打招呼，更没有利用手中权力谋取私利。

走进于海俊的办公室,一个扶手已磨出大洞的办公椅格外显眼,墙角的洗脸盆也已多处掉漆……机关事务科行政管理员王颖昌说:"我提出要给他换个座椅,他非要我找个修鞋的师傅来修。老师傅来了一瞅,说根本就修不上,换个得了。于局长却说,这不还能坐嘛。"

他每次回牙克石开会,便住在家里,财务人员提醒他说在家住宿不能领取出差补助。他却说:"为了一点补助就住在宾馆里,或者找地方开个票,那不是祸害林业局吗?"

于海俊殉职后,从农村来的弟弟于海瑞,第一次走进哥哥的宿舍,发现衣柜里的几件汗衫,衣领都磨得起毛了;冰箱里除了方便面就是馒头;60多平方米的家中,装修摆设还是上世纪80年代的风格,没有一件像样的家具。

看到了哥哥"还不如农村"的生活,于海瑞心疼地放声大哭:"我们都以为他当了局长,生活肯定很好,没想到是这样啊!"

于海瑞说，哥哥从来不做违背原则的事儿，他和晚辈们在一起说得最多的就是"好好干，靠自己走出来的路最踏实。"

"知夫莫若妻"。妻子刘文庆从来没有觉得60多平方米的房子小，这个家里装着他们3口人最简单平静的日子，装满了夫妻俩相濡以沫的所有记忆。

于海俊是家中的老大，是一大家子的顶梁柱。母亲生病期间，他们两口子每两个月凑5000元钱给家里汇回去。后来老父亲病重，有一天老父亲给他打电话说不治了，等百年后，好好办个后事吧。"然后他哭啊，海俊很少在我的面前表现这种状态，那种无力和无奈，现在我想起来都揪心。"

她的眼里，深藏着对丈夫的爱恋。她拿出了两人往来牙克石和根河的51张火车票。"这俩地方只有一趟绿皮火车，一坐就得6个多小时。偶尔他挤出个周末回来看我，多数时候是我赶着节假日去看他。只要他有时间，他都会在出站口下边的电线杆子那儿等着我。"

今年的端午节,刘文庆又兴致勃勃地坐上了绿皮车。"那天,他骑着自行车驮着我,到火车站去给我买票,我开玩笑说咱俩是马路上的风景线啊。"

"他说忙,我从来不多问,我知道他有正事做。我不指望他赚大钱过奢侈日子,俩人在一起就是最快乐的。"滑雪是他们共同的爱好,可是最近这些年他太忙了,根本没有时间消遣。"老于答应我,等退休了一定要补偿我。"刘文庆说。

"我们约好退休后出去走一走,就从我还没去过的呼和浩特、包头走起。他还让我在网上搜索全国各地的名小吃,答应带我去尝尝。攻略我都做好了,老于却失约了!"说到这,刘文庆泣不成声。

"亲爱的姑娘,向我招手笑,喝一杯奶茶,情意深。"他唱得慷慨激昂,她听得如痴如醉。

这首《骏马奔驰保边疆》,是于海俊1991年在家唱歌时,刘文庆用磁带给录下来的。过去,他一出长差,刘文庆便把老磁带放在枕边听。现在,每个难眠的夜晚,她就循环播放着这首"情歌"。当旋律响起来时,她仿佛看到了心中的骏马,依然在林间奔驰。

(新华社呼和浩特2019年7月29日电 新华社记者于长洪、张丽娜、邹俭朴)

学习体会

学习体会

李 夏

> 初心不因来路迢遥而改变，使命不因风雨坎坷而淡忘。
>
> ——李夏

李夏(前右一)在安徽省绩溪县长安镇浩寨村走访群众(资料照片)。(新华社发)

| 新时代共产党员的楷模

换得秋实一夏花
——追记基层青年纪检监察干部李夏

十月的荆州小镇,阵阵秋风吹黄了漫山遍野的核桃树,家家户户的竹簸箕里堆满了"金果子"。

收下来的第一茬核桃,村民胡秀琴用篮子装着送到了130公里外的黄山市,"你说想看'开杆',想陪我们打核桃,可你……"在一方新墓前,她泣不成声。这里长眠着她的朋友——荆州乡党委委员、纪委书记李夏。今年8月一场突如其来的泥石流过后,他倒在抗灾抢险的路上,年仅33岁。

一次次放弃回城的机会,一次次向着最偏远的深山"逆行",8年来,李夏在乡野基层磨炼自己,在百姓中间奉献青春。从"穿凉鞋怕沙子硌脚"

的城里后生成长为"光着脚走田头"的乡镇干部，他用韶华书写了新时代青年干部奋斗在基层的使命担当。

"极耐得苦，故能艰难驰驱"

如果不是一次次选择留下，或许李夏不会走得那么匆忙。

今年8月10日下午，距离台风"利奇马"登陆中心仅300公里的安徽省绩溪县荆州乡大雨如注。这本是个周六，李夏已经答应妻子回家。

然而，险情终究让李夏放心不下。山洪涌进敬老院，李夏和同事蹚着水，扶五保老人撤离到高处；路遇塌方道路受阻，他们徒手搬运碎石，为救援车辆开路；看到一对母子往塌方地段走，他们又转头护送他们。短短一小时，17位村民在他和同事帮助下转危为安。

就在他们向着下一处险情奔走的路上，接连三股泥石流突然从道路一侧的山上冲下来，泥沙夹杂着树木冲倒了围墙、凉亭，卷走了队伍后头的李夏。

"李夏！李夏！李夏！"

一片狼藉之上，搜寻的呼声从白天响到黑夜。11日清晨，人们在小河下游找到了李夏，他被泥水一路冲下，躺在一棵小核桃树下。

没人愿相信，这个在群众危难关头一次次挺身而出的小伙子就这么走了。

2013年，在洪灾中翻山越岭十多个来回送救灾物资；2014年寒冬腊月冒着滚滚浓烟参与森林大火扑救；2016年山体滑坡，驻守在塌方点三天三夜劝导群众远离危险区域……每次他都冲锋在前，也都平安归来。

这次，妻子宛云萍却再没能接到李夏报平安的电话。"我和宛儿（女儿小名）的生日他没有一次在身边，这次他说一定回来，他答应得好好的。"宛云萍喃喃自语，泪水涟涟。

2011年，老家在黄山市区的李夏回到家乡，考入绩溪县长安镇政府。母亲原以为儿子离家近了可以尽尽孝了,却没想到"他一头扎进了山里"。

陪着李夏,宛云萍也尝过山里的苦。冬天这里滴水成冰,水管上冻他们只好敲开碎冰,从井里打水用。破旧的木质窗户挡不住呼呼的北风,只好用一块雨布将窗户的四角钉上。

常年在乡下,女儿从出生到如今6岁,李夏陪伴她的日子,掰着手指头能数出来。每到周五,女儿习惯把爸爸的拖鞋放在门口,却常常等不到爸爸回家,气得她嘟起小嘴学着奶奶直呼其名,"臭李夏"。

他不是没有机会走出大山。多年来,绩溪县政府办等多个县直部门都想选调李夏回县城上班,被他一一谢绝。2018年,组织上准备派李夏去最偏远的荆州乡担任纪委书记,他却一口应下。

赴任前一晚,李夏的同事兼老友——长安镇党委副书记汪来根终于忍不住问:

"你知道荆州在哪吗?"

"知道,比长安镇离家更远。"

"那你咋就愿意越跑越远呢?"

"事儿总是要有人做。"

地图上这个位于皖浙交界的小乡镇被崇山峻岭环抱,车程两个小时的山路被称为"天路",当地人说有351道弯。

向下、扎根,为何如此义无反顾?在李夏《工作日记》的扉页上,有他的座右铭:"极耐得苦,故能艰难驰驱。"

建功立业之抱负怀于心中,仿佛一切有了答案。

"和老百姓总有聊不完的话"

"小时候穿凉鞋都怕沙子硌脚,现在却能光着脚板走田头。"母亲一语道破李夏的成长。他以前没少闹过稻麦不分的笑话,第一次下村,李夏兴奋地打电话告诉妻子:"花生竟是长在土里的!"

李夏开始"恶补"农村这门课。他去岳父家,

李夏(左)在贫困户家中走访(资料照片)。(新华社发)

爷儿俩就着几碟小菜能从太阳落山聊到深夜，他一个劲儿讨教着种菜学问，再不过瘾就拉着岳父，打着手电去菜地"现场教学"。

绩溪十里不同音，面对群众，一口普通话的李夏最初只能以写代说，他像学英语一样逐字逐词学方言，把陌生的词一一记录反复练习。一年时间，他已经能听懂村民的讲话，偶尔还能说一两句正宗的俏皮话。

在李夏留下的为数不多的工作照中，他总是憨笑着同村民站在一起，平日里腼腆内向的他曾告诉母亲："和他们在一起不拘束，总有聊不完的话。"

在不少村民记忆里，李夏这个城市小伙最爱在晚饭后来家里串门"拉呱"。

贫苦户许冬仙记得，无数个黄昏，李夏打着招呼进门，拖出个板凳坐下。许冬仙的孙女胡心怡与李夏的女儿差不多年纪，李夏见到她总是格外喜欢，常打开手机让两个小伙伴在视频里见上一面。

在李夏的帮助下，患病的许冬仙养了七八十只

| 换得秋实一夏花 |

李夏（右）在安徽省绩溪县长安镇高杨村走访贫困户（资料照片）。（新华社发）

鸡鸭，日子渐渐好转。"李叔叔什么时候再来陪我玩"，又一个黄昏，听到胡心怡突然问起这句话，许冬仙鼻子一酸，"我的亲人……走了。"

把李夏当亲人的不止许冬仙。一次，他开车回家，高速路上接到电话，一位村民向他咨询医保问题。明明不是自己分管的领域，李夏还是把车开到了服务区，在分管同事和村民之间咨询、解释，两个小时来来回回十几个电话，手机都打没电了。

"我不记得别人电话，只记得你的。"电话那头村民说，这句话让李夏心中一热，"被需要的感觉真好"，回家路上，他心情格外舒畅。

老百姓成了李夏难以割舍的情愫，群众需要的地方，就是他前进的方向。

李夏的遗体告别仪式上，75名来自长安镇的干部群众人手一支菊花，这是他们与李夏最独特的联系。

当地高杨村种植贡菊已久，产量却一直上不去，李夏决定帮忙。"这玩意儿我们种不来"，村民王

2019年7月,李夏(左)在安徽省绩溪县荆州乡方家湾村走访群众时,帮助村民整治卫生环境。(新华社发)

建兴看到李夏连连摆手,他曾在2006年种过3亩菊花,因为管理技术落后,不仅一年没收成,还搭了几千块农药化肥钱,"出再高的价我也不敢种了。"

李夏偏偏不信邪,他从老家请来专家和种植大户,把村民聚在一起搞培训,自己也阅读起种植书籍,"杀菌农药混用超过五种就失效""菊花铺在烘箱中要四周厚中间薄""从起灶到出花20到22小时"……他也成了半个贡菊专家。

村民们见这般热火朝天,纷纷把闲田辟出来改种菊花,当地种植面积从400亩增长到1400亩,2018年亩均收益达8000元。"说什么都不再种菊花"的王建兴最为积极,今年他家的菊花田增加到近10亩,"种什么都没有菊花赚得多,得感谢李夏。"他逢人就说。

"基层的事儿,还就得小题大做"

社保、文书、安全、应急、纪检……李夏在乡镇岗位上几乎打了"通关",常常"自讨苦吃"。

2015年,李夏参与长安镇危房改造验收,别的干部端着一把皮尺在室内测量,他每到一户便搬来一把梯子爬上房顶,有人笑他比验收自家新房看得都细,他却认真地说:"咱们量的可都是老百姓实打实的利益。"

2017年,李夏任高杨村的党建指导员。一份兼职,他操上了心。

村两委缺人,他下村一户户"寻贤"。一趟下来,笔记记了大半本,他心中也有了名单。躺到家中床上他还在自言自语,甚至问起妻子,"如果你是村民,希望有什么样的村干部?"随后就是"三顾茅庐",请来能人扩充了村两委成员。

乡镇纪检是很多人眼里犯不着得罪人的"小事",他却"小题大做"。

2018年,有人举报当地镇头村党总支书记在四年前的换届选举中存在拉票竞选的问题,这个年长李夏十几岁的书记是老熟人了。"低头不见抬头见的,真查？""拉票多大点事儿，还较真个啥？"私下里有人劝李夏。

"纪检工作，就没有小事儿"，李夏的语气由不得商量。第一次他便吃了闭门羹，"我没错，找我没用"，隔着门，村书记赌着气。李夏转头到村中各户做实了证据，又自学起农村选举的法律政策知识，再到书记家已胸有成竹，一次次上门最终敲开了书记的"心门"，"我心服口服了"，书记最终接受了组织的处理。

"看不出来，这个年轻人关键时候还真硬得像颗山核桃。"事后，村民们交头接耳。

李夏"硬"得理直气壮。在同事眼中，他出了名的"抠门"：一年四季一条牛仔裤洗到发白；吃饭永远在食堂从不去饭店；办公桌破旧不堪，他自己找来钉子修修补补继续用；去县城出差，李夏也常常舍近求远，住进车站附近40元一晚的小旅馆。

履新荆州乡，李夏半年时间内就办结了6起审查调查案件。其中一件让不少人看到这个"山核桃"

的另一面。

当地巡查发现方家湾村原党支部书记程本祥任职期间违纪所得一万元,需退缴。这次雷厉风行出了名的"李书记"却出人意料地"慢了",原来他在走访时发现程本祥在村民中的口碑不错,做了不少实事,且家庭确实困难。

直到第四次上门时,李夏才谈追缴的事儿。"老程,有错误该改就改,有困难我们一起克服。"李夏说。"今年12月就还完钱咯,还想当面感谢他,没想到……"回忆起这段往事,程本祥红了眼睛。

他像一株山核桃,越是崎岖处生长越卖力

8年来,李夏养成个习惯:每天晚上雷打不动要给妻子打一个小时视频电话,两人聊完了,就让妻子把手机架在钢琴上,听女儿弹琴。最被家庭需要的时候,李夏却成了活在手机里的丈夫、爸爸。

"初心不因来路迢遥而改变,使命不因风雨坎

图为 2019 年 10 月 9 日拍摄的李夏家中照片墙上的照片。（新华社发　黄博涵　摄）

坷而淡忘。"这是李夏的微信签名,也仿佛是他短暂而不平凡的一生的答案。

在懵懂的童年,李夏听着爷爷奶奶走南闯北干革命的红色故事成长,18岁那年,他在高考志愿表上填下防灾科技学院城市救援决策技术专业,他说"要和爷爷奶奶一样,做个对社会有用的人。"

2014年12月,李夏在长安镇加入中国共产党。在当年的思想汇报,他这样写道:"入党作为我人生的一种志向和追求,作为自己实现人生价值取向与理想信念的目标,是一项无比神圣而光荣的事。"

走进李夏的办公室,摊开的笔记本上记录着他离去那天上午的安排,第一条便是"学习力戒形式主义官僚主义相关论述",这是他每天起床后的第一要务。"咱们青年不学习,哪来过硬的政治素养?"他曾对年轻同事说。

以初心为灯,以使命为舵,英雄寂寂,来路即是归途。

"爸爸去哪了?"宛儿常问大人,"爸爸送我的电话手表,能联系到他吗?"宛云萍将李夏的照片洗了出来,挂在客厅电视墙最显眼的位置,她说要让女儿记住爸爸的样子。

"我不相信我和儿子就这么一点缘分。"李夏母亲强忍着泪水说,"他只是换了种方式陪在我们身边。"

是啊,李夏并未走远。

"我宁愿不熟悉你的脸庞,只希望我的每一次回乡,你还走在我家乡的路上",这首绩溪老乡写给李夏的诗正在当地传唱。

此时,高杨村的菊花正竞相绽放。又是一年丰收,村民们思念李夏:"这是他的良心浇灌出的花。"担任该村第一书记的年轻干部包文琪说,"接力棒如今交到了我们手上。"

在荆州,泥石流给山体撕下一道数十米长的巨大伤疤,废墟之上,一条临时开辟的小道上已然车水马龙。未来这里将重建一座凉亭,有人提议,就叫它"李夏亭"。

默默见证这一切的,正是山间的核桃树。它们是山里人的骄傲,当地人说:"山核桃树最爱长在石头缝里,坡势越陡生长得越卖力。"

扎根大山的李夏,不也好似这漫山遍野中的一棵吗?

(新华社合肥 2019 年 10 月 21 日电 新华社记者王正忠、陈诺、水金辰)

学习体会

学习体会

学习体会

卢永根

一名真正的科学家，必须是一名忠诚的爱国主义者，要把国家和人民的需要作为自己工作的动力。

——卢永根

图为卢永根院士(资料照片)。(新华社发　华南农业大学供图)

| 新时代共产党员的楷模 |

赤诚抒写"我和我的祖国"
——追记"布衣院士"卢永根[*]

他走了,不带走一片云彩;

他走了,留下一片赤诚、无限感动。

"卢永根……"追思中,一声轻唤,让人泪流滚烫、心潮难平。

有一种信仰,叫赤诚报国;有一种大爱,叫"布衣院士"。

---

[*] 原标题为《卢永根院士:赤诚抒写"我和我的祖国"》,新标题为编者所加。

唯物主义者"最后的贡献"

"党培养了我,将个人财产还给国家,是作最后的贡献。"——卢永根

2019年8月12日凌晨,89岁的卢永根院士因病辞世。按照他和家属意见,不举行任何遗体告别仪式;遗体无偿捐献给医学科研和医学教育事业。

这是他作为院士的"最后一次科普";这是他作为唯物主义者的"最后的一次贡献"。

卢永根去世后的第4天,他的老伴、华南农大离休教授徐雪宾将一个信封郑重交给华南农大原党委书记李大胜:"这是阿卢的特殊党费,希望组织能够接受。"

住院的日子,卢永根夫妇坚持着每天清晨收听广播、每晚看《新闻联播》的习惯。夫人每天为卢永根读报。

"2017年4月17日,卢永根希望学院把教育基金的管理实施办法制定好";

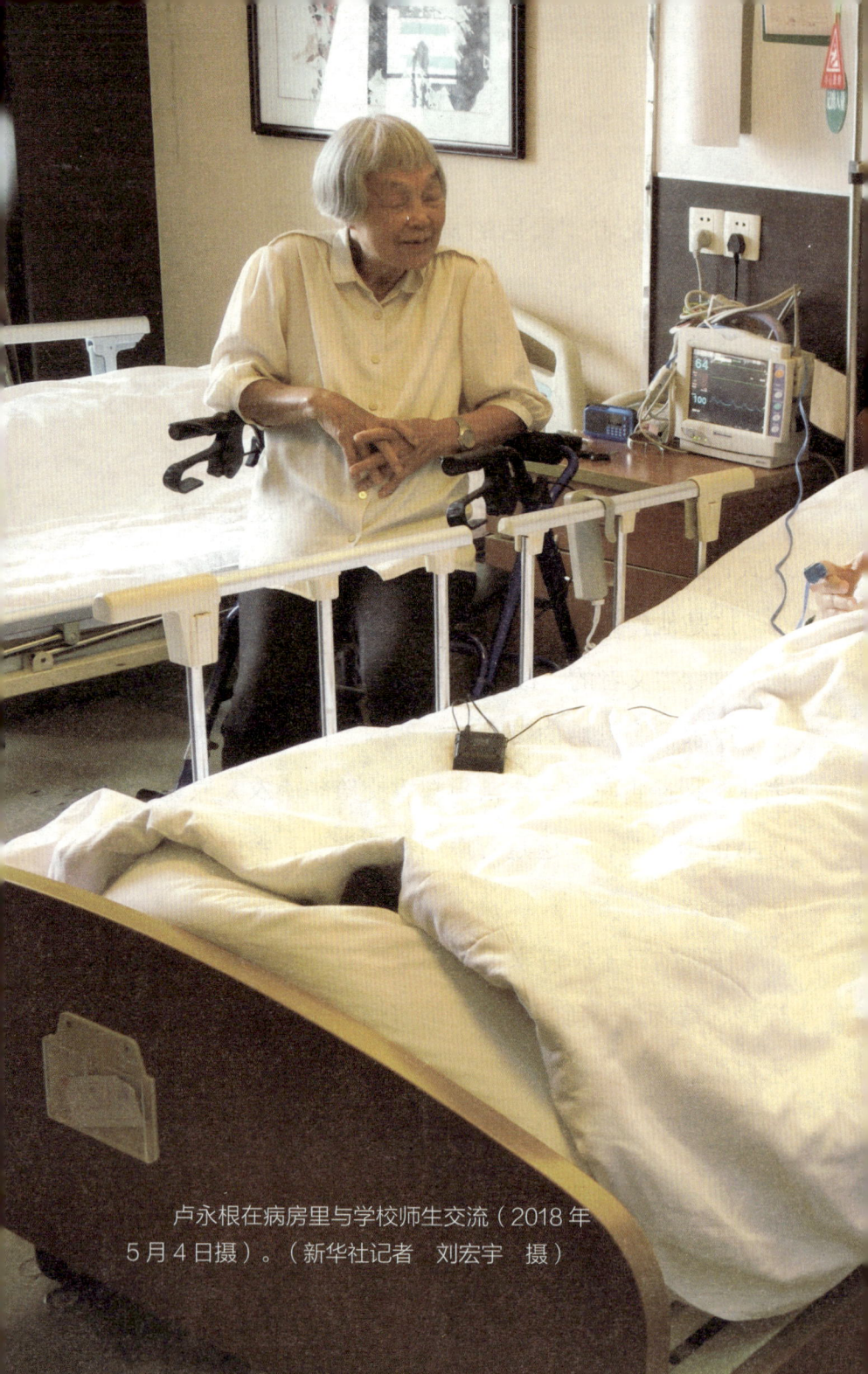

卢永根在病房里与学校师生交流（2018年5月4日摄）。（新华社记者 刘宏宇 摄）

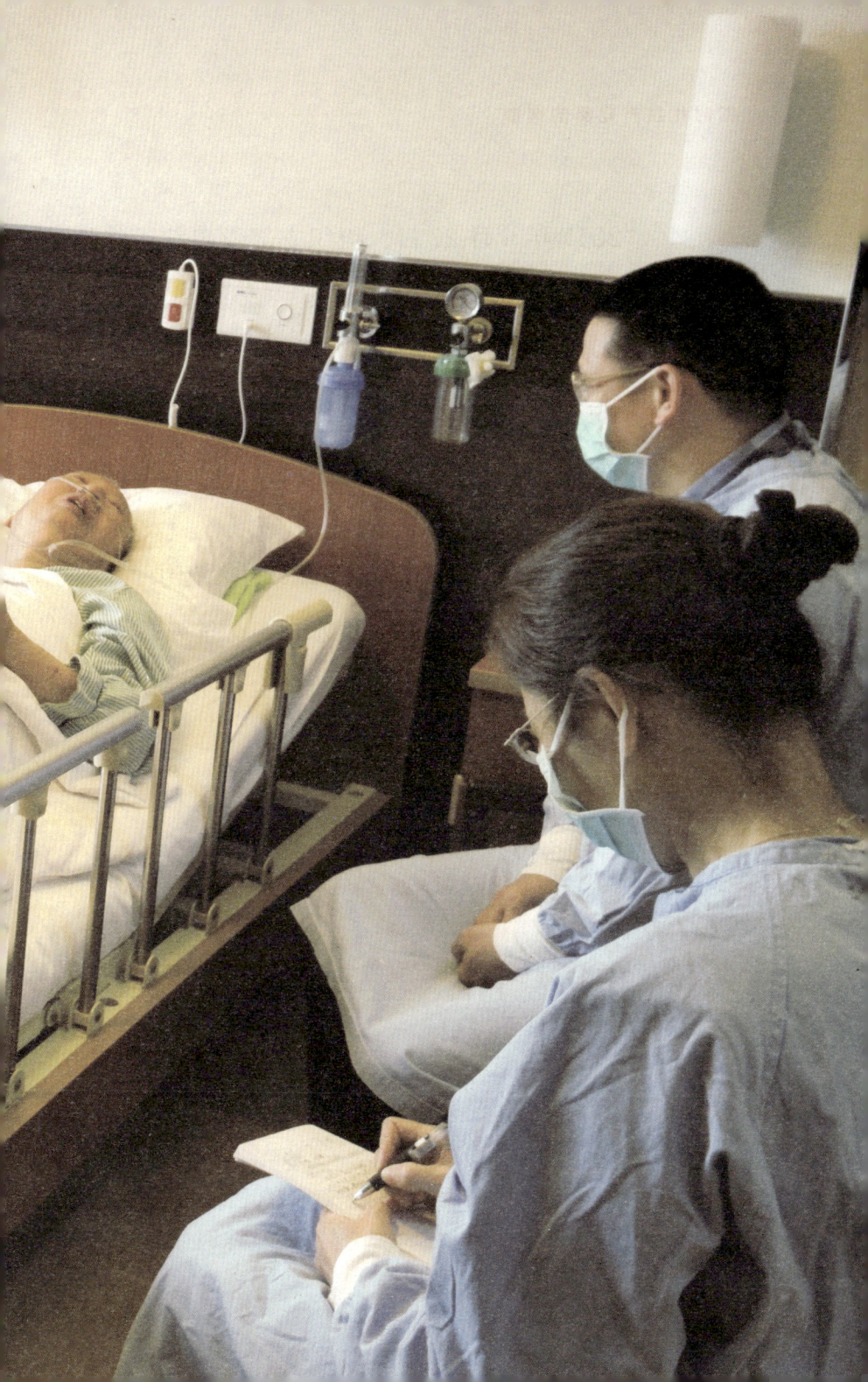

"2017年9月27日,组织支部学习黄大年的先进事迹";

"2017年10月20日。卢永根在病房全程观看了十九大开幕直播,他表示,总书记的报告让他这位老党员热血沸腾,备受鼓舞。"

……

这是卢永根参加所在党支部组织生活记录。

党的十九大召开当天,卢永根身体非常虚弱,躺在床上,插着氧气管,仍然坚持全程听完十九大报告,并参与随后的学习、讨论。

"卢永根诠释了党性的力量。"华南农大党委副书记钟仰进说。

"布衣院士"的"穷"与慷慨

"多干一点,少拿一点,腰板硬一点,说话响一点。"——卢永根

2017年3月,卢永根以夫妻的名义将毕生积

蓄880万元人民币捐赠给华南农大，成立教育基金，用于奖励品学兼优的贫困学生及优秀青年教师，资助、邀请农业领域国内外著名科学家来校讲座。这是当时华南农大建校以来最大的一笔个人捐款。

2014年，他还说服哥哥，将老家两间兄弟共有的祖屋，以他们父母的名义捐给了广州花都区罗洞村的小学。

在卢永根夫妇慷慨捐赠的背后，是无法想象的节俭。

退休后，夫妻俩出行坐公交，吃饭在食堂。平日里，人们总能见到这位老校长、老院士端着一个半旧饭盒，静静地与学生们一起排队打饭。

院士家中的摆设，还停留在20世纪80年代：破旧的木沙发、老式电视；铁架子床锈迹斑斑，挂帐子用的竹竿，一头绑着绳子，一头用钉子固定在墙上；几张还在使用的椅子，用铁丝绑了又绑……

| 新时代共产党员的楷模 |

图为卢永根院士（资料照片）。（新华社发　华南农业大学供图）

华南农大农学院原党委书记张展基一直记得,一次,他打着雨伞走出校门,突然看到卢永根校长一手拎着包、一手提着皮鞋冒雨往学校里跑。后来才知道,卢永根的皮鞋是出国或特殊场合才穿的,那天他在省里开完会回校,正赶上下雨,他生怕皮鞋沾水弄坏,于是有了拎着鞋赤脚奔跑的一幕。

有一年,农学院给参加运动会的教工发了一套运动服和运动鞋,竟然成为卢永根日常生活的"标配"。那双运动鞋,他穿到脱胶、掉线,去修鞋摊补了几回,继续穿,实在不能再穿了才扔掉。他说:"没到用光用烂还能用,物要尽其用。"

"公家的钱,能省就省。"华南农大农学院教授刘向东回忆,卢永根特别严于律己。

2003年,卢永根参加在南昌举行的全国野生稻大会,会后继续去沈阳出差。为了节省住宿费和时间,已是70多岁的他选择坐夜行火车到北京,再换乘飞机到沈阳……

科学家的爱与奉献

"一名真正的科学家,必须是一名忠诚的爱国主义者,要把国家和人民的需要作为自己工作的动力。"——卢永根

双休日和假期照常工作,早已成为卢永根实验室的不成文规矩。

卢永根表示,既然选择了教师的职业,就无怨无悔,从来没有想过改行。

曾经有一个时期,教师的社会地位不高,生活待遇也较低,有些教师心情浮动。

卢永根说:"不为五斗米折腰,才是真正的科学家。"

1987年,上级拟将担任华南农学院院长的卢永根调到北京,任中国农业科学院院长兼党组书记,享受副部级待遇。但卢永根恳切推辞,因为他舍不得离开水稻研究事业。

卢永根是中国著名稻作科学家丁颖院士的学生。

赤诚抒写"我和我的祖国"

卢永根(右)随丁颖院士在宁夏引黄灌区考察水稻(资料照片,1963年8月摄)。(新华社发　华南农业大学供图)

1961年,中央决定为老专家配备科研助手,丁颖院士选择了卢永根。直到1964年10月丁颖在北京逝世,卢永根一直在他身边工作,跟随老师跑遍了全国的稻区。

丁颖淡泊名利,勤恳敬业,生活俭朴,学农爱农。这些优秀的品质,深深地影响了卢永根。同时,年轻的卢永根身上共产党员的可贵品格也影响着丁颖,晚年的丁颖,毅然加入了中国共产党。

卢永根一生从事稻种种质资源收集、保护与创新利用以及水稻遗传学和细胞生物学等基础性研究工作,取得一系列重要成果。

他曾协助中国科学院院士丁颖开展中国水稻品种的光温生态研究,丁颖去世后,卢永根主持总结该项工作并参加撰写《中国水稻品种的光温生态》,获1978年全国科学大会奖;在水稻遗传资源、水稻半矮生性、雄性不育性、杂种不育性与亲和性等方面的遗传研究,取得了很大进展;他提出水稻"特异亲和基因"的新学术观点以及应用"特异亲和基因"克服籼粳亚种间不育性的设想,被业界认为是对栽

| 赤诚抒写"我和我的祖国" |

卢永根(中)在水稻试验地指导博士研究生(资料照片)。
(新华社发　华南农业大学供图)

培稻杂种不育性和亲和性比较完整和系统的新认识，在理论上有所创新，对水稻育种实践具有指导意义。

卢永根还带着学生，悉心保护着1万多份水稻种质资源并加以研究。如今，华南农业大学已成为我国稻种资源的宝库。

2001年，听说在广东佛冈县的一处山顶上长有野生稻。卢永根不顾年迈，带学生去寻找。山上没有路，布满荆棘。到了半山腰，卢永根已经体力不支，但他坚持要去现场，学生们只好架着他爬到山顶。

直到70多岁，卢永根还带着学生翻山越岭，到处寻找野生稻种。

有一张当年拍的现场照片，卢永根一手挂拐，一手扶着树，在野生稻旁笑得格外灿烂。

近些年，卢永根研究团队共选育出作物新品种33个，其中水稻25个，大豆5个，甜玉米3个；培育水稻不育系3个。这些品种在华南地区累计推广面积达1000万亩以上，新增产值15亿多元，创造了巨大的经济效益和社会效益。

"香港仔"的"中国心"

"日本侵华战争的现实教育了我,使我觉醒到当亡国奴的悲惨。我是炎黄子孙,要为自己的祖国复兴效力。"——卢永根

卢永根是土生土长的"香港仔"。1930年,他出生在香港一个中产阶级家庭,从小接受西式教育。

1941年,太平洋战争爆发,日寇攻占香港。他亲眼看到日本侵略者的凶残,体味到沦为亡国奴的苦楚,民族自尊心油然而生。因香港战乱,卢永根回到广东省花县老家避难。在家乡逃难的两年时间里,卢永根加深了对中国农村的了解和认识。

回到香港后,卢永根转入新开办的香港培侨中学。这是一所爱国的进步学校,爱国和民族思想活跃。3年培侨中学的学习,成为卢永根走上革命道路的起点。

1949年8月,香港。卢永根举起右拳,面向北方,庄严宣誓加入中共地下党。

| 新时代共产党员的楷模 |

年轻时的卢永根在试验田里（资料照片）。（新华社发　华南农业大学供图）

根据党组织的安排，刚入党的卢永根进入广州岭南大学读书，领导地下学联做好迎接广州解放的工作。1953年，卢永根从华南农学院农学系毕业并留校工作，从此扎根内地，毕其一生研究水稻。

"一名真正的科学家，必须是一名忠诚的爱国主义者。"1994年，卢永根在一封公开信中这样说。他指出，连为养育自己的国家和民族服务都不愿意，还奢谈什么为全人类服务？

卢永根曾3次赴美探亲访学，美国的亲人竭力说服他留下来，但被他坚决拒绝。

华南农大红满堂草坪，35年前的一个夜晚，卢永根曾在这里作过"把青春献给社会主义祖国"的主题演讲，让学生们终生难忘。

"我的发言，如果能像一束小火花一样，点燃你们心中的爱国主义火焰，迸发出热情，为振兴中华而奋斗，正是我所热切期待的。"卢永根说。

（新华社广州2019年11月13日电　新华社记者刘大江、刘宏宇）

学习体会

学习体会

张小娟

> 整个舟曲，都在为最后的冲刺脱贫付出全部努力。无数的热血青年，奔赴脱贫攻坚一线，用脚步丈量舟曲的山水大地，以众志成城的力量和勇气，拉近舟曲与小康社会的距离。
>
> ——张小娟

舟曲县扶贫办副主任张小娟（右二）在下乡时向群众了解情况（2018年4月摄）。（新华社发）

| 新时代共产党员的楷模 |

初心一片为脱贫
——追记殉职在决战脱贫路上的张小娟等几位舟曲县干部职工

2019年10月7日晚,甘肃省甘南藏族自治州舟曲县干部职工张小娟、陈文燕、王彦辉、闵江伟在扶贫下乡返程途中,因车辆坠入白龙江不幸遇难。

一个月来,他们帮扶过的群众纷纷登门悼念,他们的事迹广为流传:他们常年以战士的姿态,冲锋在脱贫攻坚和抢险救灾一线;他们爬雪山、钻山沟,把党的温暖送进各族群众的心田。

近日,他们被追授为甘南州"优秀共产党员""优秀新闻工作者"。当地干部表示,守初心、担使命,要向张小娟等人学习,做"胸中有大爱、心中有信念、业务有专长、肩上有担当"的新时代藏区干部。

披星戴月决战脱贫直至生命最后时刻

雪山耸立,白龙江怒涛汹涌。舟曲,曾因"8·8"特大暴洪泥石流震惊世界,这里山有多高,脱贫难度就有多大。

但舟曲人脱贫的决心更大。最近,舟曲县广大干部职工放弃国庆休假,打响脱贫大决战。

34岁的张小娟是舟曲县扶贫办副主任。1日下午,她把7岁的女儿和3岁的儿子托付给丈夫,便开始加班。

走进张小娟的办公室,一块小白板上仍有她手写的工作安排:"10月1日至3日,跟进(全县脱贫的)乡镇自验,完成(县级脱贫)验收操作手册;4日,(全县脱贫验收巡回督导组)各组组长、副组长、联络员召开碰头会……"

5日,舟曲县启动脱贫验收工作。张小娟作为

第一巡回督导组副组长开始下乡。

同组干部石磊回忆，5日，他们深入曲瓦乡和立节镇，回城已是21时许。6日，他们又驱车5小时，翻越海拔3800多米的雪山，赶到全县脱贫攻坚难度最大的博峪镇进村入户，当晚住在镇上。

7日，他们一路颠簸，下午赶到曲告纳镇，随机抽选上大年村，核查贫困户收入账实不实。

上大年村是个高山村。盘山而上，要经过34道急弯，路上不时可见滚落的碎石。张小娟走访完藏族阿妈吴小英家时已是傍晚。这时，她又接到任务，需要连夜赶回县城。

从镇上到县里，还有两个半小时车程。督导组还要继续工作，她从县融媒体中心工作人员闵江伟那里得知，融媒体中心的几个同事也在镇上采访。这天也是曲告纳镇部分藏族群众搬迁下山的一天。陈文燕等人闻讯赶来，忙活了一整天。

张小娟饭也没吃，就搭乘县融媒体中心的五菱牌面包车往回赶。路上，车辆不幸坠入白龙江……

| 初心一片为脱贫 |

闵江伟在 2019 年舟曲县春节民俗文化活动现场参加现场直播（2019 年 2 月 14 日摄）。（新华社发）

"今天拍摄的画面很不错,很珍贵!"舟曲县融媒体中心记者马应凯记得,7日中午,王彦辉和他视频通话时非常兴奋。为了讲好藏乡脱贫故事,舟曲县融媒体中心近期策划了13个重点选题,其中包括易地搬迁。

马应凯说,同事们下乡,每到一地,都会在微信群里发照片报平安。翻看微信群里的图片发现,陈文燕等人的最后一顿午餐,只是蹲在路边,随便吃了一点。

8日就是张小娟女儿的7岁生日。在生命的最后7天,她对孩子的陪伴,主要是电话问候。

"有了坚定的信念,平凡的岗位也会不平凡"

脱贫攻坚的"活字典"、全县新闻采编的"顶梁柱"……张小娟、陈文燕等人,最大的34岁,最小的23岁,其中3位是党员。他们在领导和同事

| 初心一片为脱贫 |

王彦辉在舟曲县巴藏镇溪岭村采访（2019年6月14日摄）。（新华社发）

眼中，都是干一行、爱一行、专一行的行家里手。

张小娟出生在舟曲县一个藏族农家，从小品学兼优，高考以全县文科第一名的成绩，考入中央民族大学。毕业后她放弃留在大城市的机会，成为舟曲县立节镇政府司法所的一名司法助理员。

2010年8月8日夜，一场特大暴洪泥石流突袭舟曲。张小娟连夜从乡下赶到县城，加入抢险救灾中。她在抢险一线火线入党，也与爱人结下良缘。

"她始终冲在抗灾救援的最前线，积极进行一线救援和物资运输工作，已具备一名共产党员应有的觉悟和品质。"立节镇党委在她的火线入党材料中评价。

不仅是张小娟，从2018年舟曲县江顶崖山体滑坡险情，到2019年东山镇牙豁口山体滑坡，陈文燕、王彦辉、闵江伟等新闻工作者都是冲锋在前的"逆行者"。

他们信念笃定，珍爱自己的事业。他们的初心，就是让家乡变得更美、更幸福。

张小娟的爱人刘忠明说，成堆的材料、打不完的电话，是她在家的常态。"她下班回家，总是一边炒菜一边接电话，耐心地跟大家沟通。"

在她的办公桌上，至今还摆放着一摞笔记本，每个笔记本上详细记录着她下乡入户时每户村民的家庭境况和脱贫症结。

扎实的政策研读和走村入户，使张小娟赢得了"移动数据库""活字典"的称赞。

在同事眼中，负责新媒体平台的陈文燕"是一个不断有新点子的创意大师"，王彦辉"非常热爱这份工作，想踏踏实实为家乡干点事"，23岁的闵江伟"特别能跑，特别勤快，特别阳光"。他们同样是单位的主心骨。

扑下身子做党和各族群众的连心桥

"别人看到穷人都想帮一把，我专门做这事，更应该把工作干好。"刘忠明回忆，这是张小娟经

陈文燕(左一)与同事一起采访(2019年7月29日摄)。(新华社发)

常跟他说的话。

城关镇西半山村村民杨许春曾因做心脏手术负债20多万元,两个孩子也不得不辍学。张小娟听说后,帮他包销医疗费、办理大病救助手续,并让两个孩子重返学校。

"她每次来村里,都会来看我,问问我的身体和孩子们的近况。"杨许春说。

为了让党的政策走进群众的心田,张小娟和陈文燕等新闻工作者想尽各种办法。

如今,舟曲县每一个建档立卡户家中都贴着扶贫政策漫画图解,图文并茂讲述应知必知的48项惠民政策。这是张小娟的点子。上大年村藏族群众吴沙国说,即使不识字、听不懂普通话的藏族老人,一看图也就明白了。

心中装着群众的人,群众也把他们当作英雄。张小娟等人走后,许多群众赶到家里吊唁。"张主任走了,我心里堵得慌。"杨许春说。

在曲告纳镇的易地扶贫搬迁点上,村民余加国回忆，当时采访时，大家聊得很投机。他们年轻、活泼，没想到突然就走了，心里特别难受。

张小娟、陈文燕等人牺牲后，甘肃各级党委政府慰问他们的亲属、千方百计给予关爱。在中央民大，张小娟的生前师友发起成立专项基金，一部分用于抚养张小娟的两个孩子，一部分用于支持像张小娟一样扎根基层的校友。

"整个舟曲，都在为最后的冲刺脱贫付出全部努力。无数的热血青年，奔赴脱贫攻坚一线，用脚步丈量舟曲的山水大地，以众志成城的力量和勇气，拉近舟曲与小康社会的距离。"在一篇文章中，张小娟道出了藏区基层干部的初心、使命和铮铮誓言。

（新华社兰州2019年11月7日电 新华社记者张钦、文静、胡伟杰）

学习体会

学习体会

加思来提·麻合苏提

> 人的一生，不能没有追求。没有目标、没有前进方向的人生是没有意义的。作为一名纪检监察干部，我渴望早日加入中国共产党，使自己成为一个更有益于人民、有益于祖国的人……
>
> ——加思来提·麻合苏提

| 新时代共产党员的楷模

用生命书写忠诚
——追记自治区纪委副书记、监委副主任加思来提·麻合苏提同志

3月26日,对于新疆的许多纪检监察干部来说,是灰色的一天。

这一天,他们工作中的好导师、人生中的领路人——自治区纪委副书记、监委副主任加思来提·麻合苏提同志永远告别了大家,生命定格在了57岁。

"他心里装的只有工作,唯独没有他自己。"

"他心里装着所有人,唯独没有他自己。"

……

大家心疼他。工作干吗那么拼命,年纪不小了,还要事事都往前冲;关心他人那么多,为什么不留

一点给自己!

大家更爱他。那一双双饱含热泪的眼睛,倾诉着对他的景仰与思念——他用自己的实际行动,书写了一名共产党员对党的事业的忠诚;他用自己的人格魅力,影响着身边的纪检监察干部,争做忠诚干净担当、敢于善于斗争的战士。

生命不息　战斗不止

在自治区纪委监委审查调查中心,几本《求是》杂志、一套《中国共产党的九十年》和几摞待阅的文件,整齐地摆放在加思来提·麻合苏提生前宿舍的办公桌上,其中一份文件已经翻开,等着他批阅。

这里既是他的办公点,也是他的休息室。

"桌子上的这些文件只是他平时批阅量的很小一部分。"自治区纪委监委第八审查调查室副主任闫秉哲说,很多文件即批即走,还有许多内容涉及重要事项和工作,不是简简单单看一下就行了,还要和相关工作人员了解情况、交换意见、深入思考。

除了事务性工作,加思来提·麻合苏提将更多精力放在案件查办上。"每天晚上,他都会到每个专案组去看看,和大家一起分析案情,给大家释压打气。"自治区纪委监委第十审查调查室副主任墨伟力说,"审查调查中心的每个专案,他都会一个个转下来,常常到凌晨三四点了,他才回去休息。"

墨伟力在纪检监察机关工作15年了,这样的场景他天天见。"15年来,加思来提书记几乎没有休息过一天。"墨伟力说,这样的坚守,如果没有对这份事业的挚爱,没有对党的忠诚,是不可能做到的。

反分裂、反腐败斗争是一场没有硝烟的战争。

自治区纪委监委第七审查调查室干部周自民清楚地记得,2018年6月,自治区纪委监委对自治区一名涉嫌违纪违法的厅级干部进行审查调查,不到1个月的时间,专案组就基本查实了该对象收受他人财物、违规释放犯罪嫌疑人等问题。

当专案组人员满心欢喜地向加思来提·麻合苏

提汇报时,他却不动声色地问道:"到底是纯粹'收钱办事'的经济问题,还是以此为掩饰,另有所谋?我们一定要看到问题背后的问题。"

加思来提·麻合苏提毕业于新疆政法干校政法专业,毕业后在兵团公安部门工作了3年多,有着丰富的办案经验和对事物的辨别能力。"加思来提书记要求我们必须穷尽每一条线索,正是他这份对党的事业的忠诚与负责,终于使案件真相大白,我们查出了隐藏多年的'两面人'。"周自民介绍。

生命不息,战斗不止。在生命的最后几天,加思来提·麻合苏提仍然坚持完成和两个地州纪委监委有关同志的谈话。在谈话3天前,他还特地提出"一人一方案、一人一内容"的工作要求,对约谈工作方案、安全方案、约谈提纲逐一审核把关,反复提出修改意见。

在生命的最后一刻,加思来提·麻合苏提依然坚守在纪检监察工作第一线,用生命书写了对党的事业的无限忠诚。

冲锋一线　薪火相传

加思来提·麻合苏提是自治区纪检监察系统的一名"老兵"。从1988年进入纪检监察系统起,他就一直在一线"摸爬滚打",成为系统里的一把"尖刀"。

几十年来,他带领专案组查办大量案件,每到关键时刻和攻坚阶段,他都冲锋在前、主动担当,啃最硬的"骨头",攻最难的"山头",不攻下堡垒决不罢休,不获得全胜决不收兵。

为突破一个重大复杂案件,加思来提·麻合苏提曾经带领专案组,反复分析研判全区20多年来的相关案件线索,抽丝剥茧、追根溯源,挖出了影响新疆社会稳定和长治久安的毒瘤隐患。

加思来提·麻合苏提还很关心纪检监察干部的成长,经常主动向干部传授政策理论、办案心得和实践经验。"可以毫不夸张地讲,全区各级纪委监委办案骨干都受过加思来提书记的教导。"自治区纪委监委第九审查调查室一处副处长王伟说。

王伟就是受益人之一。2005年,王伟初入纪检监察系统。当时谈话量比较大,而像他一样的新人却比较多。谈话对象大多是一些"大领导",新人们明显底气不足。"加思来提书记当时任第一纪检监察室副主任,他带着我们这些新人,一个一个去和谈话对象谈。晚上,大家坐在一起讨论,他通过讲述亲身经历,给我们一个个分析没谈下来的原因,并传授谈话的技巧和方法。"王伟至今记忆犹新。当时,加思来提·麻合苏提反复强调:"记住,你们谈话,代表的是党,是组织。""这句话给我们树立了强大的信心,也成为我们今后办案的坚定信念。"王伟说。

加思来提·麻合苏提不仅教大家如何办案,而且还教大家如何开阔思路。"办案中遇到困难怎么办?加思来提书记不是说让你去想办法,而是和大家一同想办法。他经常和大家坐在一起聊天,在聊的过程中碰撞出思想的火花,找到突破的灵感。"

闫秉哲说,"他教导的那些理念,让我们受益一生。"

铮铮铁骨　赤胆忠魂

谁也记不清加思来提·麻合苏提一生一共办过多少案子,查处过多少腐败分子和民族分裂分子。但他深知自己是很多人的"眼中钉",却从不畏惧。他常说:"我对党和人民有多么热爱,就对这些民族分裂分子有多么憎恨!民族分裂分子一天不除,祖国的新疆就一天不宁!"

在一次去地州做反分裂案件初核工作时,谈话对象非常嚣张,他喊话加思来提·麻合苏提:"你们上有老下有小,也要考虑你们自己的事情,不要把事情做绝了。"当时和加思来提·麻合苏提一同去谈话的是自治区纪委监委第十审查调查室二处副处长陈辉。陈辉说:"听到这些话,加思来提书记一点也不畏惧,他严厉斥责这个人,最终将这个人的嚣张气焰打了下去。"铮铮铁骨,让陈辉肃然起敬。

是什么炼就了加思来提·麻合苏提的铮铮铁骨？从他早年的经历中，也许我们能找到答案。

加思来提·麻合苏提的父母都是共产党员，父亲生前曾担任自治区教育学院党委书记，母亲退休前是自治区党委党校的一名干部。"加思来提书记曾跟我们说过，他的家庭十分温暖，父母对党的感情深深影响着他、熏陶着他。上世纪八十年代，面对社会上出现的一些错误思潮，父亲明确告诉他：不要跟风，不要迷茫。这进一步坚定了他的理想信念。"闫秉哲说。

怀着这份理想信念，加思来提·麻合苏提在入党申请书中写道：人的一生，不能没有追求。没有目标、没有前进方向的人生是没有意义的。作为一名纪检监察干部，我渴望早日加入中国共产党，使自己成为一个更有益于人民、有益于祖国的人……

一项项荣誉也见证了他的忠贞和誓言——工作以来，他先后多次被评为优秀共产党员、优秀干部、先进工作者，因查办大案要案荣立一等功、二等功……

在追思加思来提·麻合苏提生前的点点滴滴时,许多人不约而同地想到了他生前最爱的那首歌——《红星照我去战斗》。

这不仅是一首歌,也是他人生最真实的写照。

听,小小的采访室里响起了歌声:"红星闪闪亮,照我去战斗……"

这首歌已成为许多纪检监察干部的心中之歌。

(原载《新疆日报》2020年4月8日　记者张云梅)

学习体会

学习体会

学习体会

编后记

2020年12月3日,党中央决定授予周永开、张桂梅同志和追授于海俊、李夏、卢永根、张小娟、加思来提·麻合苏提同志"全国优秀共产党员"称号。这一光荣称号的授予,是对他们杰出贡献的充分肯定。中共中央要求各级党组织要以先进模范为镜,向先进典型看齐,汇聚起新征程上再出发的磅礴力量。

这七名同志是在"不忘初心 牢记使命"主题教育活动中涌现出来的先进典型。他们在各自不同的工作岗位上,同千千万万名共产党员一样,怀着对人民对国家的赤子之情,不忘初心,牢记使命,勇

| 编后记 |

于担当、砥砺前进。

翻开这本记录周永开等七名同志事迹的读本，我们眼前似乎又浮现出他们的身影：

他们对党忠诚、信念坚定。用实际行动践行"党是一生的追随"，把一辈子奉献给革命老区的"花萼愚公"周永开；常年坚持家访，行程累计11万多公里，即使重病也坚持在教学一线的大山女孩的"妈妈"张桂梅……

他们初心如磐、使命在肩。默默守护祖国北疆生态安全屏障，几十年如一日的"火海英雄"于海俊；在艰苦偏远的乡镇基层绽放青春之花，将生命定格在服务人民第一线的抢险英雄李夏……

他们牢记宗旨，心系人民。毅然放弃香港优渥生活，把毕生精力献给祖国农业科学和教育事业的"布衣"院士卢永根；放弃大城市生活，积极投身家乡脱贫攻坚事业的扶贫干部张小娟；毫不畏惧，敢于斗争，经年累月冲锋在大案要案查办第一线的少数民族干部加思来提·麻合苏提……

他们生动展现了新时代共产党人把理想信念化为行动力量的政治品格和先锋形象。为方便广大党员干部学习他们的先进典型事迹，我们组织编写了这本通俗读物，全书内容权威、通俗易懂、图文并茂，可以作为各地区各部门学习的参考读物。

本书编写组
2021 年 1 月